台所に米粉を常備しよう

米粉は文字通り、米をひいて粉にしたもの。
うるち米を粉にした上新粉も米粉の一種で、おもに和菓子に使われます。
最近では粒がより細かく、パンや洋菓子にも使える米粉が、
スーパーマーケットなどでも簡単に手に入るようになりました。

グルテンがないので、ぐるぐるかき混ぜても生地の状態が変わらず、
ダマにもなりにくく、ふるいにかける必要もありません。
また、小麦アレルギーの人やグルテンフリーの食品を求める人からは、
小麦粉の代用としても関心が集まっています。

本書では、料理家タカコナカムラさんによる
「米粉だからおいしい」「米粉だからつくりやすい」レシピのほか、
農家がおすすめする料理やお菓子、
昔ながらの日本のおやつのレシピをたっぷり集めました。
米粉を台所に常備して、毎日の料理やお菓子づくりに、ぜひ使ってみてください。

この本で使う「米粉」について -------------------4

米粉にできること ❶ ---------- 6

牛乳や豆乳に溶かすだけ。
バターを使わず
簡単にホワイトソースがつくれる。

米粉にできること ❷ ---------- 7

冷めても消えないとろみがつく。
白濁するので透明には仕上がらない。

米粉にできること ❸ ---------- 8

揚げ物の衣に使うとさくっと揚がる。
油を吸収しにくいので
余計な油を吸わずカロリーも抑える。

米粉にできること ❹ ---------- 9

ピザやたこ焼きなどの
「粉もの」料理にも使える。
表面はカリカリに焼き上がり、
内側はもっちり、ずっしりした食感になる。

米粉にできること ❺ ---------- 10

上新粉でもプリンやブランマンジェなど
和菓子だけでなく、洋菓子もつくれる。
ふんわり焼き上げたい焼き菓子には、
使う米粉を選ぶ。

1 タカコナカムラさんの米粉の料理とお菓子

2 農家の米粉レシピ

3 ニッポンの米粉おやつ

ケーキやパンに使える米粉の見極め方 --------94

本誌の料理レシピの
分量について

1カップは200㎖、大さじ1は15㎖、小さじ1は5㎖。1合は180㎖、1㎖は1ccです。材料にある「植物油」は、菜種油、米油などを示し、ごま油、オリーブオイルを使う場合は、別に指定します。

この本で使う「米粉」について

「新しい米粉」と昔からある米粉

　「米粉」は文字通り、米の粉のことです。上新粉、白玉粉、道明寺粉など、昔からおもに和菓子に使われてきた米粉のほか、最近ではスーパーなどでも気軽に料理や洋菓子に使える新しいタイプの米粉が入手できるようになりました。

　昔ながらの米粉は、①原料がうるち米かもち米か ②粉にする前に加熱してあるかどうか ③製粉法の違い―により種類が分けられます（下図）。米の粉でつくるもちやだんごは古くから年中行事に欠かせないものも多く、和菓子の発展とともに、それ

ぞれの菓子に合ったかたさやなめらかさを求めて、さまざまな粉ができたと考えられています。

　粉の違いはだんごにするとよくわかります。しこしことした弾力と歯切れのよい上新粉。なめらかなのびのある白玉粉。これらは、それぞれの米のもつでんぷんの種類の違いからきます。この両方の米のよさをもつようにミックスしたのがだんご粉です。

　新しいタイプの米粉は、上新粉と同じく非加熱のうるち米の粉です。製粉技術の向上で上新粉より微細にひけるようになったことで、もちもちとした生地やとろみづけだけでなく、ケーキなどふんわり焼きたい生地にも使えるようになりました。

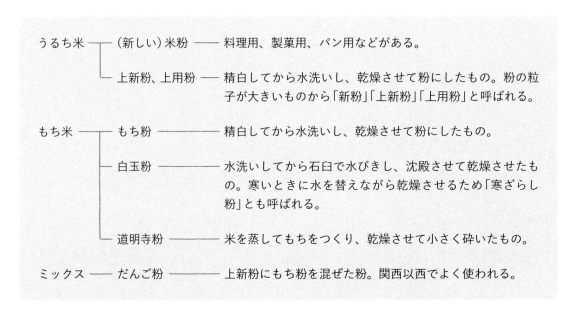

うるち米 ── （新しい）米粉 ── 料理用、製菓用、パン用などがある。

　　　└─ 上新粉、上用粉 ── 精白してから水洗いし、乾燥させて粉にしたもの。粉の粒子が大きいものから「新粉」「上新粉」「上用粉」と呼ばれる。

もち米 ── もち粉 ── 精白してから水洗いし、乾燥させて粉にしたもの。

　　　├─ 白玉粉 ── 水洗いしてから石臼で水びきし、沈殿させて乾燥させたもの。寒いときに水を替えながら乾燥させるため「寒ざらし粉」とも呼ばれる。

　　　└─ 道明寺粉 ── 米を蒸してもちをつくり、乾燥させて小さく砕いたもの。

ミックス ── だんご粉 ── 上新粉にもち粉を混ぜた粉。関西以西でよく使われる。

「新しい米粉」は
メーカーによって特性が違う

　この本でつくる料理は、うるち米の「米粉」を使います。ただ焼き菓子など、小麦粉を使用したときと同じようにふっくらと焼き上げたい洋菓子には、上新粉では粒子が粗すぎるので"製菓・製パン用"などと表示された「新しい米粉」を使います。

　注意が必要なのは、米粉は薄力・中力・強力などに分類できる小麦粉と違い、メーカーによって粉の特性にばらつきがあることです。使用するコメの品種によってでんぷんの性質が変わり、製粉方法、機械の種類などで粒子の大きさやでんぷんの状態が変わりますが、現在市販の米粉には、それらを表示する決まりはなく、共通の基準もないからです。

　特性に影響を与える米粉の要因は、おもに①アミロース値 ②粉の粒径 ③「損傷でんぷん」の割合―といわれています。

　アミロースは、でんぷんを形成する成分のひとつで、この割合が少ないほどやわらかく粘りのある米になります。でんぷんはアミロースのほか、アミロペクチンという成分から構成されます（もち米はアミロペクチンが100％）。栽培方法でも割合は多少変化しますが、ほとんどは品種によって決まります。

　粒の粒径は、大きくは粉砕方法で決まりますが、品種の影響も大きく、同じ粉砕方法でも仕上がりが異なるといわれます。焼き菓子やパンをつくるには、粒径が大きいとずっしりしたもちのような仕上がりになり、微細にひいたなめらかな粉だと、ふんわりと焼き上がります。一方、だんごなど和菓子をつくる際は、あまり小さな粒径だと吸水量が多くなり、べたついた仕上がりになってしまいます。

　「損傷でんぷん」とは、米を粉砕する際に熱や衝撃で傷がついたでんぷんのことです。細かくひこうとするほど損傷が多くなります。でんぷんが損傷していると水や油を吸いやすくなり、生地が膨らむのを邪魔してしまうので、焼き菓子やパンなどは、損傷でんぷんの割合が低いほうが、ふんわりとした仕上がりになります。

　手元にある米粉が、焼き菓子やパンに向いているかどうかは、簡単な実験で確かめられます（p94）。次のページからは、米粉を使ってできることを紹介します。

米粉にできること ❶

牛乳や豆乳に溶かすだけ。バターを使わず簡単にホワイトソースがつくれる。

ホワイトソース（ベシャメルソース）は一般的に、小麦粉をバターで炒めてから牛乳で少しずつのばし、加熱してとろみをつけてつくります。米粉ならバターで炒める必要はなく、水や牛乳、豆乳などに直接溶けばソースになります。

小麦粉は水に溶くと強い粘りが出て、ダマができやすい粉です。水を加えて加熱するとでんぷんが水を吸収して膨らみ、糊のような状態に変化する（糊化）性質があります。水を加えてこねると、弾力のあるたんぱく質、グルテンが形成されるからです。

小麦粉でホワイトソースをつくるときにバターで炒めるのは、糊化の性質を抑えるためです。小麦粉のでんぷんは炒めることで粒が分離しやすくなり、かたまりが小さな粒になります。すると粉っぽさがなくな

り、ソースがなめらかに仕上がります。また、バターや牛乳の油脂にはグルテンの形成を防ぐ働きがあります。小麦粉の粒が油脂でコーティングされることで、グルテンができにくくなるのです。

米粉にもでんぷんはありますが、グルテンはできず、小麦粉よりも水に溶けやすい性質があります。そのため、あらかじめ炒める必要がありません。ただ、油脂や熱を加えなくてよい分、コクや香ばしさは小麦粉のホワイトソースより劣ります。小麦粉をバターで炒めたときに生じるメイラード反応（褐色に変化し、コクや香ばしさが生まれる反応）がないからです。米粉でホワイトソースをつくるとき、コクがほしい場合は、スープやソースに別途バターを加えるのがおすすめです。

左／ダマになりにくく、水で簡単に溶ける　右／炒めた具材に牛乳で溶いた米粉を混ぜ入れるだけ

米粉にできること **2**

> # 冷めても消えないとろみがつく。
> # 白濁するので透明には仕上がらない。

かたくり粉、くず粉、コーンスターチ、小麦粉などと同じく、でんぷんがおもな成分である米粉も、料理のとろみづけに使えます。これらの粉は水を加えて加熱すると、でんぷんの粒が膨らんで水に溶け、粒同士が互いに絡み合うことで、液体が糊状になります（糊化）。これがとろみです。

じゃがいもからつくるかたくり粉、くずの根が原料のくず粉など、地下の根茎からとれるものは地下でんぷんといい、米粉、小麦粉、とうもろこしからつくるコーンスターチなど、地上の種実からとれるものは地上でんぷんといいます。地下でんぷんは、粒が膨らみやすくとろみが強いのが特徴です。しかし、とろみが出た後も加熱を続けると、粒が壊れて粘度が下がり、サラサラになってしまいます。かたくり粉でとろみ

をつけた料理を再加熱するとゆるくなるのは、でんぷん粒が壊れるからです。一方、米粉のような地上でんぷんは、粒が膨らみにくいため、同じ濃度では地下でんぷんよりとろみは弱くなります。ただ、加熱を続けてもほとんど粘度が低下せず、安定しています。

また、地下でんぷんを使ったとろみは透明度が高く仕上がります。一方で米粉は、とろみが少し濁ったような状態に。透明に仕上げたいあんかけなどにはかたくり粉を使い、濁っても問題ないホワイトソースやカレーなどは米粉を使うなど、使い分けをするといいでしょう。

カレーうどんのとろみづけには、溶いた米粉を加えればOK

米粉にできること ❸

揚げ物の衣に使うとさくっと揚がる。
油を吸収しにくいので
余計な油を吸わずカロリーも抑える。

米粉は小麦粉に比べて油を吸いにくいことがわかっています。そのため揚げ物の衣にすると余計な油を吸わず、カロリー（エネルギー）が抑えられ、油切れがよいのでさっくり揚がります。

天ぷらの衣を小麦粉を水で溶いてつくるときは、ダマになりやすく、またよく溶かそうと混ぜれば混ぜるほどグルテンが形成されます。粘りのある衣では天ぷらがさっくり揚がらないので、小麦粉の衣をつくるときは扱いに工夫が必要です。一方の米粉

は小麦粉よりも簡単に水に溶け、またグルテンができないため混ぜすぎても粘らず、扱いやすいといえます。

ただし米粉は小麦粉より水を吸いやすいので、例えばとんかつの下ごしらえをする際、肉に水溶き米粉とパン粉をつけて一晩おいたりすると、肉の水分を米粉が吸ってしまい、仕上がりがパサつきやすくなります。衣をつけたらあまり時間をおかずに揚げるのがポイントです。

\実験/
どのから揚げがおいしい？

から揚げの衣に米粉を使うと、サクサクで翌日もカラッとしている…というのは本当か。米粉、かたくり粉、小麦粉をから揚げの衣にして、できあがりを比べてみました。

左から、かたくり粉、小麦粉、米粉

翌日

揚げたてはどれもサクサク。かたくり粉はザクザクした食感が強く、米粉はガリガリとした粉の粒感がある

小麦粉とかたくり粉はしっとりしていて、前日の衣と状態が変わっている。米粉はガリッとした食感のままで、ほかに比べて変化が少なかった（左写真）

米粉にできること ④

ピザやたこ焼きなどの「粉もの」料理にも使える。
表面はカリカリに焼き上がり、
内側はもっちり、ずっしりした食感になる。

「粉もの」とは、おもに小麦粉を主原材料にする料理のことで、とくに関西では「粉もん」と呼ばれて親しまれています。お好み焼きやたこ焼きだけでなく、うどんやパンなども「粉もの」の仲間。どれも水を加えてこねるとグルテンが形成され、弾力のある生地をつくる小麦粉の特性を利用しています。

米粉はグルテンができないため、粉もの料理の小麦粉を同量の米粉で置き換えるとポロポロになってまとまらず、同じような生地をつくることはできません。米粉の生地をまとめるには、上新粉でだんごをつくるように水を加えてこねた後、ゆでたり蒸したりして「糊化」させて弾力のあるやわらかい生地をつくるか、つなぎになるものを加える必要があります。

「大根もち」(p24) のように、もちもちした食感をそのままいかしたい料理は、つなぎを加える必要はありません。「明石焼き」(p26) や「れんこんピザ」(p28) のように、もちっぽくなりすぎると別物になってしまうような料理の場合は、卵やほかのでんぷん（ピザの場合はすりおろしたれんこん）を加えます。

米粉でつくった生地は、焼くと表面がカリッとしやすいのも特徴です。もちを焼くと表面がカリッとかたくなるように、糊化してやわらかくなった生地は、急速に加熱するとかたくなる特性があります。なので「納豆クラッカー」(p38) など、カリカリに仕上げたい料理には米粉が最適。ただしつなぎ（納豆クラッカーの場合は納豆）を入れないと、のびのある薄い生地にはなりません。

納豆をつなぎに入れることで、麺棒で薄くのばせるくらいまとまる

米粉にできること ❺

上新粉でもプリンやブラマンジェなど
和菓子だけでなく、洋菓子もつくれる。
ふんわり焼き上げたい焼き菓子には、
使う米粉を選ぶ。

米粉はだんごやもちなど昔ながらのお菓子はもちろん、焼き菓子をつくったり、とろみをいかしてクリーム状にしたりと、お菓子づくりにも幅広く使えます。米粉を使ってつくれるお菓子の種類と、その特徴を紹介します。

和菓子

和菓子の多くは米粉でつくられます。家庭でよく使われるのは、上新粉、白玉粉、もち粉、だんご粉などです。うるち米の粉である上新粉は、熱湯を加えて練ると歯切れがよくコシのある食感になり、柏もちやういろう、ちまきなどに使われます。白玉粉は水洗いしたもち米を水ごとすりつぶし、すりつぶした際の沈殿物を乾燥させて、もち米のでんぷん質を取り出したものです。粒子が細かく、もちもちとしたやわらかな食感で冷めてもかたくなりにくい特徴があり、白玉だんごなどに使われます。もち米をそのまま粉にしたもち粉は、なめらかで粘りのある食感になり、求肥や大福の皮などに使われます。だんご粉はもち米とうる

ち米を混ぜた粉です。白玉粉やもち粉と同じように使えて、やわらかさとコシの強さをあわせもつ食感になります。

蒸しパン

小麦粉でつくる蒸しパンは、水分を加えて混ぜる際に混ぜすぎるとグルテンが過剰につくられ、生地が重くなり膨らみにくくなります。米粉はグルテンができないため、生地を混ぜすぎる心配はありません。粒子の細かい米粉を使うと、よりふんわり仕上がります。さらに生地に油を加えると、冷めてもかたくなりにくくなります。

冷たいお菓子

プリンのような冷たいお菓子は、米粉でとろみをつけた液を型に入れて冷まし、冷やし固めてつくります。牛乳や豆乳をベースにした卵液に米粉でとろみをつけると、カスタードもできます。小麦粉でつくるカスタードと違い、米粉はダマになりにくいため失敗しにくいといえます。

焼き菓子

　一般的にケーキのスポンジ生地には薄力粉を使います。強力粉や中力粉に比べ、グルテンができにくいからです。

　焼く前のスポンジ生地は、ペースト状になった小麦粉の中に、卵を泡立ててできた気泡が無数に積み重なった状態です。オーブンで加熱すると、気泡の中の空気が膨張し、さらにペーストに含まれる水分の一部が熱されて水蒸気になり、体積が増えることで生地全体が膨らみます。グルテンが過剰にできると、生地の粘りが強くなり、気泡が膨らむのを邪魔してしまいます。

　米粉の生地はグルテンができないため、粘りが強くなる心配はありませんが、100％米粉に置き換えると、薄力粉と同じようには膨らみません。グルテンには、膨らんだ生地がしぼまないよう支えてやわらかさをキープするなど、ふわふわのケーキの食感を維持する役割もあるからです。

　この本で紹介する「チーズケーキ」や「シフォンケーキ」はそれぞれ、米粉ならでは

の特性をいかしたケーキです。チーズケーキは、ずっしりと重く生地が詰まった感じに焼き上がりますが、濃厚さを求めるチーズケーキと相性がぴったりです。シフォンケーキは、小麦粉でつくるときはグルテンののびをよくするために油を加えるのが必須ですが、米粉でつくるときは卵をしっかり泡立てれば、油を入れなくてもふわっと膨らみます。また米粉は小麦粉より保水性が高いため、しっとり仕上がります。

パン

　パンを焼くときは、グルテンによってできる粘りを利用するため、強力粉が使われます。イーストが発酵することによって出した炭酸ガスを、グルテンでできた膜が風船のように閉じ込めるのです。

　米粉でパンを焼くときは、グルテンやその代わりになるものを添加することが多いですが、小さな型を使えば、p54のように製菓用の米粉だけでパンを焼けます。ふんわりよりもちもち感が強くなりますが、気軽にできるのでおすすめです。

米粉でつくるシフォンケーキはきめが細かく、しっとり焼き上がりやすい

1 タカコナカムラさんの
米粉の料理とお菓子

「米粉はお菓子づくりだけでなく、ふだんの料理にも便利です。
ダマになりにくいしグルグル混ぜてもOKで、調理しやすく、
日本人の舌に合うあっさりした味なので、いろいろな料理に使えます」
というタカコナカムラさん。
米の消費が減っている中で、米粉をふだん使いする人が増えれば、
日本の田んぼを守ることにもつながると期待しているそう。
この章では、米粉でつくるからこそおいしい
タカコさんイチオシのレシピを紹介します。

レシピ・料理＝タカコナカムラ　料理協力（p42 ～ 53）＝松崎ゆみ
写真＝小林キユウ　スタイリング＝本郷由紀子

タカコナカムラさん

食と暮らしと環境をまるご
と学ぶ「タカコナカムラホー
ルフードスクール」を主宰。
一般社団法人「ホールフー
ド協会」代表理事。

ベジブロスの
クリームシチュー

野菜のコクと甘みがしっかり
朝から食べたくなる

動物性のスープの素を使わなくても、野菜のだし「ベジブロス」を使うと、コクもしっかりあり、満腹感も十分。忙しい朝にもおすすめです。

〈材料〉2人分
長ねぎ…1本（小口切り）
じゃがいも…2個（皮をむいてスライス）
にんにく…1かけ（みじん切り）
ベジブロス（下記参照）…300mℓ
無調整豆乳…100mℓ
米粉…大さじ2
ベイリーフ…1枚
オリーブオイル…適量
塩、こしょう…適量
刻みパセリ…適量

〈つくり方〉
1　鍋にオリーブオイルを熱し、にんにくを炒める。香りが出たらねぎ、じゃがいもを加えて炒め、塩を振る。
2　ベジブロスとベイリーフを鍋に加え、野菜がやわらかくなるまで弱火で煮る。
3　米粉を豆乳で溶き（写真a）、鍋に加える。火は止めない。とろみが出てきたら（写真b）、塩、こしょうで味を調える。
4　器によそい、パセリをのせる。

米粉を鍋に直接入れると溶けるのに時間がかかるので、豆乳で溶いてから入れましょう。

a

b

ベジブロスのつくり方

〈材料〉1ℓ分
野菜の皮や根っこ
　…両手1杯分
水…1300mℓ
酒…少々

〈つくり方〉
鍋に材料すべてを入れて中火にかけ、沸騰したら弱火にする。30分煮出したら野菜をザルでこし、粗熱がとれたら保存容器に入れる。冷蔵庫で保存し、3日で使い切る。冷凍保存も可。

豆乳ドリア

きのこのうま味がたっぷり
とろとろソースをこんがり焼き上げて

玄米の米粉を使うと、よりコクが出ます。
ご飯の代わりにパスタやゆでたうどん
を使うのもおすすめです。

〈材料〉2人分

ご飯…150g

玉ねぎ…1/2個（薄切り）

舞茸、しめじ、椎茸…合わせて200g（舞茸、
　しめじはほぐす・椎茸は薄切り）

にんにく…1かけ（みじん切り）

オリーブオイル…大さじ1

塩、こしょう…適量

無調整豆乳…300㎖

米粉または玄米粉*…大さじ3

チーズ（溶けるタイプ）…適量

＊玄米の粉。ふつうの米粉よりコクが強い（p66参照）。

〈つくり方〉

1　フライパンににんにくとオリーブオイルを熱し、香りをつける。

2　玉ねぎ、きのこを加えてしんなりするまで炒め、塩、こしょうで味つけする。

3　ホワイトソースをつくる。豆乳を入れたボウルに米粉を加えてよく混ぜる（写真a）。

4　2にホワイトソースを加え、とろみがついたら火を止めてご飯を加え、混ぜる（写真b）。

5　耐熱皿に流し入れ、チーズをのせる。200℃に温めたオーブンで15分焼く。

ソースはゆるめでOK。加熱するととろみが出ます。

クリームパスタ

クリームなのにあっさり味
野菜をたっぷり食べられます

米粉と豆乳をよく混ぜておくと、ダマになることはまずありません。火にかけると固まり始めるので、ややゆるい状態で火を止めましょう。

〈材料〉2人分

玉ねぎ…1/4個(スライス)

にんじん…50g(スライス)

しめじ…50g(小房に分ける)

かぶ(小)
　…1個(くし形切り・葉はざく切り)

にんにく…1片(刻む)

無調整豆乳…300㎖

米粉…大さじ3

塩、こしょう…適量

オリーブオイル…適量

スパゲッティ…120g

〈つくり方〉

1　フライパンにオリーブオイルとにんにくを入れて香りが出るまで熱し、玉ねぎをよく炒め、にんじん、しめじも炒める。

2　ホワイトソースをつくる。豆乳を入れたボウルに米粉を加えてよく混ぜる。

3　スパゲッティを規定の時間でゆでる。火を止める1、2分前にかぶを入れる。

4　2を1に入れて(写真a)中火にかけながら木べらで混ぜ、とろみがついたら、3を入れて(写真b)全体に絡まったら火を止め、塩、こしょうで味を調える。器に盛り付ける。

カレーうどん

スパイシーで具だくさん
からだが温まります

米粉はとろみづけに使います。水に溶けやすいのでダマにならず、時間がたってもとろみはなくなりません。

〈材料〉2人分

ゆでうどん…2玉

にんじん…50g（薄切り）

玉ねぎ…1/2個（くし形切り）

長ねぎ…1/2本（刻む）

しめじ…1/2パック（小房にほぐす）

油揚げ…1/2枚（短冊切り）

豚薄切り肉…100g（ひと口大に切る）

長ねぎ…適量（斜め切り・飾り用）

ベジブロス*（またはだし汁）…600㎖

米粉…大さじ2

カレー粉…大さじ1

うす口醤油…大さじ1

塩…小さじ1

＊p14参照

〈つくり方〉

1　玉じゃくし1杯分を残してベジブロスを鍋に入れ、野菜、しめじ、油揚げ、豚肉を加えて中火にかける。

2　煮立ったら1にカレー粉と醤油、塩を加えて味を調え、うどんを入れる。

3　米粉を1で残したベジブロスで溶いて加え（下写真）、とろみがついたら火を止める。どんぶりに盛り、長ねぎをのせる。

かき揚げ

いりこの塩気で味つけいらず
冷めてもカリッといただけます

〈材料〉つくりやすい分量
- にんじん…1/2本（細切り、またはせん
  突きなどでおろす）
- 玉ねぎ…1/2個（薄切り）
- ひと口サイズのいりこ（煮干し）
  …適量
- 米粉…50g
- 水…50㎖
- 揚げ油…適量

〈つくり方〉
1　野菜といりこを合わせ、米粉（分量外）
をまぶす。
2　ボウルに米粉と水を入れて混ぜ、粉が
溶けたら1を加えて生地にからませる（写
真a）。
3　菜箸で2を少しずつとり、180℃の油
でカラッと揚げる（写真b）。

衣は一度混ぜたら時間が
たっても分離しません。

a

b

大根もち

大根の香りがふわっと広がる
カリカリもちもちの簡単メニュー
おかずにもおやつにも

よく混ぜることで、もちもちの食感に
なります。こんがりと焼き目をつけると
表面はカリカリに。冷めてもかたくなり
ません。

〈材料〉6個分
米粉…100g
大根おろし…200g
　（汁気を切った重さ）
ちりめんじゃこ…10g
青ねぎ…2本（小口切り）
ごま油…適量
糸唐辛子…適量
ぽん酢醤油…適量

〈つくり方〉
1　大根おろしはザルなどにのせて汁気を
切る。汁はとっておく。
2　ボウルに米粉、大根おろしを入れて混
ぜる。生地がかたい場合は、大根おろしの
汁を加える。
3　ちりめんじゃことねぎを加えて混ぜ
（写真a）、直径10㎝の平らな円形に丸める。
4　フライパンにごま油を多めに入れて
熱し、3の両面を色づくまで焼く（写真b）。
器に盛り、糸唐辛子をのせ、ぽん酢をつけ
て食べる。

生地はもちもちでやわ
らかい。手で丸められ
るくらいのかたさです。

明石焼き

外側はカリッ、内側はもっちり
つけダレに浸すととろとろになります

米粉でつくった明石焼き（たこ焼き）は、小麦粉よりももちもちした食感になるのが特徴です。たこ焼き器はテフロン加工でも必ず油をひきましょう。油なしだとカリカリになりません。

〈材料〉20個分

卵…2個

米粉…30g

だし汁（かつお節）…200㎖

塩…少々

ゆでダコ…適量

揚げ玉…適量

菜種サラダ油…適量

【つけダレ】
- だし汁（かつお節）…100㎖
- うす口醤油…25㎖
- みりん…25㎖

みつば…適量

とんかつ用ソース…適量

青のり…適量

〈つくり方〉

1　ボウルに卵を割りほぐす。米粉、だし汁、塩を入れて混ぜる。

2　たこ焼き器に油をひき、1の生地を流し入れる。刻んだタコ、揚げ玉を入れて片面が焼けたら串などでひっくり返す（下写真）。両面こんがり焼けたら皿に取り出す。

3　鍋につけダレの材料を入れてひと煮たちさせる。器に移し、刻んだみつばを入れる。

4　焼きたての明石焼きをつけダレにつけていただく。好みで明石焼きにソースを塗り、青のりをトッピングし、これをつけダレにつけて食べてもよい。

れんこんピザ

発酵させずにさっとつくれます
生地はれんこんで
ふわふわ、もちもちになります

じゃがいもや長芋なども生地のつなぎになりますが、れんこんが一番くせがなくピザの邪魔をしません。

〈材料〉直径20cm1枚分

米粉…80g

れんこん…40g（皮ごとすりおろす）

水…40mℓ

塩…ひとつまみ

オリーブオイル…適量

ピザソース…適量

【具】

チーズ（溶けるタイプ）…適量

玉ねぎ…1/4個（薄切り）

スライスベーコン…1枚（1cmの細切り）

ピーマン、パプリカ…適量（薄切り）

〈つくり方〉

1　ボウルに米粉、れんこん、水、塩を入れて混ぜ、ひとまとまりにする（写真a）。

2　天板にオーブンシートを敷き、1を置いて手で丸く薄くのばす（写真b）。

3　2にピザソースを塗り、具をのせてオリーブオイルを回しかける。200℃に予熱したオーブンで8〜10分焼く。

029

どら焼き

甘すぎないカスタードクリームを
ふっくら生地ではさみます

カスタードクリームは火にかける前にし
っかり混ぜて米粉をなじませておけば、
ダマになりません。鍋底からフツフツ
としてきたら火を止めましょう。

〈材料〉2個分
米粉…100g
ベーキングパウダー…2g
A ┌ 卵…1個
　│ 砂糖…50g
　│ メープルシロップ…25g
　│ 水…20mℓ
　└ 植物油…5g
甘酒カスタードクリーム（下記参照）
　…適量
バナナ…適量（輪切り）

〈つくり方〉
1　Aをボウルに入れ、もったりするまで
泡立て器で混ぜる。
2　1に米粉とベーキングパウダーを入れ
粉っぽさがなくなるまでよく混ぜる。
3　フッ素樹脂加工のフライパンに生地を
4等分にして流し入れ、両面を焼く。
4　カスタードクリームとバナナのスライ
スをのせて（写真a）、もう1枚ではさむ。

甘酒カスタードクリーム

〈材料〉つくりやすい分量
米粉…12g
甘酒（濃縮タイプ）…15g
卵黄…1個
砂糖…35g
無調整豆乳…150mℓ
バニラエッセンス…1、2滴

〈つくり方〉
1　ボウルに米粉、甘酒、卵黄、砂糖を
入れて粉っぽさがなくなるまでよく混
ぜる。
2　鍋で人肌まで温めた豆乳とバニラ
エッセンスを少しずつ1に加えて混ぜ、
なじませる。
3　ザルでこして鍋に移し、ゴムべら
で混ぜながらクリーム状になるまで弱
火で火を通す（写真b）。
4　3をボウルに移して乾かないよう

表面に密着するようにラップをし、粗
熱がとれたら冷蔵庫で冷やす。

ようかん

なめらかで歯切れよく
上品な甘さでお茶菓子にぴったり

ブレンダーで混ぜると、つぶあんを使っても生地がなめらかになります。ゴムべらで混ぜる場合は粒が残るので、こしあんがおすすめです。

〈材料〉4〜5個分

こしあん…180g

水…50mℓ

米粉…12g

本くず粉*…12g

粉寒天…0.5g

塩…ひとつまみ

＊自然食品店や製菓材料店で手に入る。かたくり粉でも代用可。くず粉を加えると、歯切れがよくなる。

〈つくり方〉

1　電動ブレンダー（フードプロセッサー）に材料をすべて入れ、ペースト状になるまで混ぜる（下写真）。ブレンダーがなければボウルに入れてゴムべらで混ぜてもよい。その場合はなめらかになるまでしっかり混ぜる。

2　1を鍋に移して弱火にかけ、とろみがつくまで加熱する。

3　ラップにひと口大の生地をのせ、口をねじる。そのままおいて粗熱がとれたら、冷蔵庫で冷やす。

サーターアンダギー

食べごたえのある沖縄のドーナツ
おから入りなのでさっぱりしています

黒砂糖でつくると、より風味が強く本
格的な味になります（左写真の下半分）。
ただし黒砂糖生地は焦げやすいので、
強火で揚げないようにしましょう。

〈材料〉9〜10個分
米粉…60g
ベーキングパウダー…小さじ1
おから…40g
卵…1個
黒砂糖（またはきび砂糖）…大さじ4
オリーブオイル…小さじ2
揚げ油…適量

〈つくり方〉

1　ボウルに卵と砂糖、オリーブオイルを
入れて木べらでもったりするまで混ぜる。
2　1に米粉、ベーキングパウダーとおか
らを加えて粉っぽさがなくなるまで混ぜ
る（写真a）。
3　160℃の油でピンポン玉大にすくっ
た生地を揚げる（写真b）。

マーラーカオ

スパイスの甘い香りがする
むっちりした食感の卵蒸しパン

卵と油をしっかり混ぜて乳化させると、
生地がなめらかに仕上がります。ゴム
べらで混ぜる場合も、レシピにある順
番で卵と油をぽってりするまで混ぜて
から粉類を加えましょう。

〈材料〉直径5cmの容器4個分
卵…2個
砂糖…80g
植物油…大さじ2
米粉…100g
ベーキングパウダー…小さじ1
五香粉＊…少量
＊クローブや花椒（ホアジャオ）など5種類を混ぜ
た中国の代表的なスパイス。肉や魚料理にも使える。

〈つくり方〉
1　電動ブレンダー（フードプロセッサー）
に卵、砂糖、油を入れ、なめらかになるま
で混ぜる。なければゴムべらで混ぜる。米
粉とベーキングパウダー、五香粉を加え
（写真a）、さらに混ぜる。
2　器に入れ（写真b）、蒸気の上がった蒸
し器で20分蒸す。

納豆クラッカー

納豆に黒こしょうがきいた
カリカリ生地
やめられないおいしさです

納豆のネバネバが米粉をまとめる役割
をします。焼いているときは納豆の強
いにおいがしますが、完成するとほど
よい香りになります。

〈材料〉2cm×4cm角 約20枚分

米粉…60g

卵…1/2個（25g）

オリーブオイル…大さじ1/2

塩…0.5g

ひきわり納豆…20g

水…20mℓ

ベーキングパウダー…小さじ1/4

黒こしょう…適量

〈つくり方〉

1　ボウルに材料をすべて入れ（写真a）、
粉っぽさがなくなるまでへらで混ぜる。

2　生地を手でまとめ、打ち粉（分量外の
米粉）をした台の上で、薄く麺棒でのばす。
食べやすい大きさに切り、フォークで穴
をあける（写真b）。

3　天板に2を並べ、170℃に予熱したオ
ーブンで15分焼く。

ブラマンジェ

ぷるんとした口当たりがなめらかな
白ごま風味の冷たいデザート

カスタードクリームと同じように、火に
かける前に米粉をしっかりなじませて
おけばダマになりません。

〈材料〉160mℓのカップ4個分

米粉…15g

無調整豆乳…300mℓ

白ごまペースト…大さじ1

メープルシロップ…40g

粉寒天…2g

塩…ひとつまみ

ミントの葉…適量

〈つくり方〉

1　鍋にミントの葉以外の材料をすべて入
れ、粉っぽさがなくなるまで泡立て器でよ
く混ぜる。

2　火にかけ、木べらで混ぜながらとろ
みがつくまで煮る（写真a）。

3　2をカップに入れ、粗熱がとれたら氷
水にあてるか（写真b）冷蔵庫で冷やす。常
温でも固まるが、冷たいほうがおいしい。
食べる前にミントの葉をのせる。

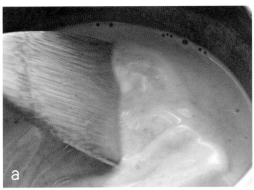

なめらか紅芋プリン

スイートポテトをクリームにしたような
舌触りなめらかな甘さ控えめスイーツ

火が通ると固まり始めるので、沸騰し
始めたら火を止め、すぐに容器に注ぐ
と表面がキレイに仕上がります。

〈材料〉100mlの容器3個分

米粉…15g

紅芋パウダー*…20g

砂糖…20g

牛乳…250ml

塩…少々

泡立てた生クリーム…適量

ミントの葉…適量

*かぼちゃパウダー、ほうれん草パウダー、ココア、
抹茶などでもおいしい。

〈つくり方〉

1　鍋に牛乳以外の材料を入れて、少量
の牛乳を加えながら溶いたら、残りの牛
乳を加えて泡立て器で混ぜる。

2　中火にかけて混ぜ続け、沸騰して表
面がポコポコと泡立ってとろみが軽くつ
いたら（写真a）火を止める。すぐに容器
に移す（写真b）。

3　粗熱がとれたら、冷蔵庫で冷やす。好
みで泡立てた生クリーム、ミントを飾る。

シフォンケーキ
抹茶味

ふわふわで軽い食感が決め手
甘さ控えめでほろ苦い大人味です

この米粉シフォンケーキの特徴は、油を使わないこと。油を入れなくても卵をしっかり泡立てれば、ふんわり焼けます。

〈材料〉直径17cmのシフォン
　　　　ケーキ型1台分

米粉…75g

抹茶パウダー…5g

卵…4個

水…55mℓ

砂糖…60g

塩…少々

泡立てた生クリーム…適量

抹茶パウダー…適量（飾り用）

〈つくり方〉

1　卵は卵黄と卵白に分ける。卵白はよく冷やしておく。

2　ボウルに卵黄、水を入れて泡立て器で混ぜ、米粉と抹茶を加える。

3　別のボウルで卵白に塩を加えてハンドミキサーでほぐし、砂糖を3回に分けて入れながら、泡立ててメレンゲをつくる。

4　メレンゲを2に1/3入れ、泡立て器で混ぜる。次にメレンゲの残りの半分を入れて混ぜる。最後は3のボウルに2を入れ、ツヤが出るまでゴムべらで切るように混ぜる（写真a）。

5　何も塗っていない型に生地を流し込んだら（写真b）、箸でひと回しする。回すことで大きな泡がつぶれて空気が抜け、表面が平らになる。

6　180℃に予熱したオーブンで30〜35分焼く（電気180℃、ガス175℃）。

7　焼き上がったら型のまま逆さにして冷やしてから、抜く（p46参照）。好みで泡立てた生クリームや抹茶パウダーを添える。

c

思い切って
ぎゅっと押す！

d

e

ケーキの上手な抜き方

1　両手で外側の生地をギュッと押し下げ
て、型から離す（写真c）。内側部分も同様に。
このとき、生地がつぶれても手で整える
と元の高さに戻るのでこわがらずに押す。
2　内側の型を持ち上げてはずす（写真d）。
3　型の底の縁のあたりを押して、底から
生地を離し、内側の型もはずす（写真e）。

チーズケーキ

ボウルひとつで、どんどん材料を混ぜるだけ
ずっしりねっとりがうれしい濃厚ケーキ

米粉を使った生地は、混ぜたときに小麦粉と比べて粘り気が出ず、ダマになりにくいのが特徴。粉にくせがないのでチーズやレモンの味の邪魔をしないのもポイントです。

〈材料〉直径15cmの丸ケーキ型1個分
クリームチーズ…200g
米粉…25g
砂糖…50g
卵…2個
生クリーム…100g
国産レモン果汁…大さじ2
国産レモンの皮…適量

〈つくり方〉

1 型にオーブンシートを敷く。クリームチーズは常温におく。

2 ボウルにクリームチーズを入れて、泡立て器でなめらかにする。

3 米粉を加えて混ぜ、さらに砂糖を混ぜる（写真a）。

4 卵を入れて混ぜ、さらに生クリーム、レモン果汁、すりおろしたレモンの皮を入れてなめらかになるまでさらに混ぜる。

5 型に流し入れ（写真b）、空気を抜き、160℃に予熱したオーブンで40分焼く。

ココア味の
ロールケーキ

生地はしっかりしているのに、
ふわふわでしっとり
お店みたいにつくれます

ロールケーキもシフォンケーキと同じ
ように、卵をしっかり泡立てて生地を
ふんわり焼き上げるのがポイントです。
きめ細かく泡立つように、温度などに
気をつけましょう。

〈材料〉27cm×27cmのロー
　　　ルケーキ型*1個分
【ロールケーキ生地】
卵…3個（正味160g）
砂糖…50g
米粉…45g
ココアパウダー…大さじ1
【クリーム】
生クリーム…150g
砂糖…10g
バニラエッセンス…適量

*天板を使う場合は27cm×27cm
になるよう、アルミホイルなどで
調整する。

〈つくり方〉

1　型にオーブンシートを敷く。

2　米粉とココアはあらかじめふる
っておく。

3　ボウルに卵を割り入れ、砂糖を
入れて、70℃の湯煎にかけながらハ
ンドミキサーの低速で泡立てる。卵
液の温度が人肌になれば湯煎からは
ずして、ハンドミキサーの高速でし
っかり泡立てる。最後に、ハンドミ
キサーの低速で1分、きめの細かい
泡をつくる（写真a）。

4　粉類をふるい入れ、ゴムべらで
ツヤが出るまで切るように混ぜる
（写真b）。

5　型に流し入れて、カードで全体

を均一の厚さにして空気を抜き
（写真c）、200℃に予熱したオーブ
ンで12〜13分焼く。

6　オーブンから取り出して、型か
ら出して網へ移し、側面のシートを
はずして、粗熱がとれたらラップを
かけて乾燥を防ぐ。

7　クリームをつくる。ボウルに材
料を入れてハンドミキサーでしっ
かり泡立てる。

8　冷ました生地にクリームを塗っ
て巻く。ラップでしっかり巻き、巻
き終わりを下にして冷やす（p52参
照）。食べやすい大きさ（3cmほど）
に切る。

a

b

c

ロールケーキの巻き方

1　焼き上がった生地からオーブンシートをはずす。

2　シートにのせたまま、生地の端の巻き終わりになる部分に、斜めに包丁を入れて切り落とす（写真d）。

3　生地の巻き始めの部分から2/3まで、1.5cm間隔で切り目を入れ、巻きやすいようにする（写真e）。

4　クリームを生地全体に塗る。巻き始めのほうを厚めにする。

5　シートごと持ち上げて、生地を巻く（写真f、g）。

6　形を整えてラップでしっかり巻いて包み、巻き終わりを下にして冷やす。

型で焼くトマトパン

もちもち食感の米粉100%パン
トマトとハーブが香ります

米粉でパンを焼くとき、グルテンやその代わりになるものを添加しない場合は、小さな型で焼きます。ふわふわではなく、ずっしり重めでもちっとした食感のパンになります。

〈材料〉7cm角のミニ食パン型*1個分

米粉…100g

トマトジュース（無塩）
　…100g

塩…1g

オリーブオイル…3g

砂糖…4g

インスタントドライイースト…2g

ドライオレガノ
　…小さじ1弱

*小さいパウンド型でもよい。その場合、アルミホイルで蓋をする。

〈つくり方〉

1　ボウルにドライイーストとオレガノ以外の材料を入れて混ぜる。米粉に水分を吸わせるため、ラップをして室温に20分おく。

2　ドライイーストを加えてよく混ぜ、ラップをぴったりとして 一次発酵させる。気泡が大きくなるまで30℃に30分ほどおく。

3　生地を混ぜて気泡をつぶし（写真a）、オレガノを入れて、オーブンシートを敷いた型に生地を入れる。ラップをして二次発酵させる。2倍ほどの高さになるまで35℃に20分ほどおく（写真b、c）。

4　オーブンシートをのせてから型の蓋をして、180℃のオーブンで25分焼く（最後5分前に蓋をとる）。蓋がない場合はアルミホイルで蓋をするとよい。

5　焼けたら型から出して冷ます。中まで冷えてから切るときれいに切れる。

◎かたくなったら焼いて食べるとよい。オリーブオイル、チーズなどがよく合う。

2 農家の米粉レシピ

自分で育てた米を粉にして台所に常備し
毎日いろいろな料理に使って楽しんでいるという
長野県の農家・瀬戸真由美さんと、
玄米のまま粉にした玄米粉で、米ぬかの香ばしさをいかした
クッキーやマフィンなど、日々のおやつをつくっている
埼玉県の農家・谷川ゆかりさんから、
米粉のレシピを教わります。

レシピ＝瀬戸真由美（p60〜65）　レシピ・料理＝谷川ゆかり（p68〜77）
写真＝寺澤太郎（p56、p66〜77）、五十嵐公（p60〜65）、佐藤和恵（p59）
料理＝編集部（p60〜65）

谷川農園の田んぼ（上）／谷
川ゆかりさん。自分で育てた
米や豆、野菜を使ったお菓子
の販売もしている

瀬戸真由美さん
（瀬戸ライスファーム）

長野県辰野町で約40haの水
田で減農薬米を生産している。
作付けから販売まで家族経営
で行ない、米粉は学校給食の
ほか、地元のパン屋やケーキ
やなどにも卸している。
https://setoricefarm.
shopselect.net/

谷川ゆかりさん
（谷川農園）

埼玉県加須市で、夫の拓也さ
んとともに有機栽培の野菜や
米を生産している。「おまめ
工房」の屋号で焼き菓子の加
工販売も行なう。
http://tanigawa-farm.com/
インスタグラム
@tanigawa_farm

自家製粉の米粉を台所に常備しよう

家庭用の製粉機はもちろん、ミルサーや
フードプロセッサーでも米粉をつくれます。

家庭用製粉機から始まった

　「わが家の台所には、砂糖や塩と同じように、すぐに使える場所に米粉を置いています」という瀬戸真由美さんは、約40haの田んぼで減農薬米を栽培する農家です。米の販売のほか、業務用の製粉機を導入し、自家製粉した米粉の販売もしています。

　瀬戸さんが最初に購入した製粉機は、卓上で数百gずつ製粉できる家庭用の機械でした。近所の友人たちと米粉料理を楽しむにはちょうどいいサイズだったといいます。米粉を毎日の料理にも使うようになり、教室を開いて地域の人たちにも教え始めると、近隣の農家からも「米を製粉してほしい」と依頼されることが増えたので、粒の大きな上新粉からパンやケーキ用の微細粉までひける業務用の製粉機を導入。現在はその製粉機を2台に増やし、異物混入を防ぐためのふるい機も使って、地域の和菓子店や

パン屋、学校給食にも米粉を卸しているそうです。

米粉の粒度と用途

　瀬戸さんが導入した業務用製粉機は、米10kgを1時間ほどで粉にでき、米の風味を損なわない、本格的な機械です。家庭で少しずつ米を粉にするなら、性能は落ちますが、瀬戸さんが最初に購入したような家庭用製粉機で十分です。

　ただ、業務用と比べると粒が粗くなり、損傷でんぷん（p5）の割合も増えるので、とろみづけや揚げ物などふだんの料理には問題ありませんが、焼き菓子などではうまく膨らまないことがあります。家庭用製粉機を購入するときは、米を製粉した場合どのくらいの粒度（右ページ参照）になるのかを事前に調べておきましょう。

左／瀬戸真由美さん。自宅前には米の自動販売機を設置している　右／天竜川沿いに広がる水田。瀬戸家は家族経営で減農薬米を栽培（写真はともに瀬戸さん提供）

左／瀬戸家の製粉機。仕上がりの粒度を細かく調整できる
右／瀬戸ライスファームのうるち米を石臼式機械でひいた微細粉。洋菓子や料理全般に使える

ミルやフードプロセッサーでも米粉ができる？

　製粉専用の「製粉機」ではなく、コーヒー豆をひいたり、茶葉を粉末状にしたりするときにも使うミルサーやフードプロセッサーでも、米をひいて米粉にすることができます。ただし微粉末にはならないので、とろみづけや揚げ物の衣などの料理か、だんごやもちなどの和菓子に使いましょう。

　米粉にすると、2合の米が330〜350gになります。自家製粉した米粉は湿気やすいので、少量ずつ製粉し、一度に使い切るようにします。

　市販の米粉の製粉方法は機械によっていろいろですが、洗米し水に浸したあと乾燥させ、そこから製粉するものがほとんどです。米は小麦に比べてでんぷん質がかたく結合されているため、そのままでは粉末に

しにくいという特徴があります。そのため、ご飯を炊くように一度水に浸して吸水させ、でんぷんをやわらくしてから製粉するのです。

　家庭で製粉するときも、ご飯を炊くときと同じように洗米、浸水させ、ザルなどにあげて乾かしてから機械にかけるようにしましょう。粉砕しやすいだけでなく、でんぷんの損傷も少なくなるといわれています。

「粒度」とは？

小麦粉や米粉の粒の大きさのことで、製粉機の網目の大きさ（メッシュ）やマイクロメートル（μm）で表される。「メッシュ」は、長さ1インチ（2.54cm）にある網目の数を表わす。100メッシュなら、長さ1インチの間に100個の網目が並んでいるふるいを通る粉で、網目は0.254mmになる。小麦粉は100〜150メッシュ、上新粉は100〜120メッシュとされる。「マイクロメートル」は長さの単位で、ふるいの網目の大きさを示す。1μm＝0.001mmで、100μm＝0.1mm。

米粉の粒度と用途

粒度		食感	吸水率	粗さ	用途
140〜170μm	80〜100メッシュ	ざらざら	低い	粗い	とろみづけ、揚げ物、だんご、もち、まんじゅう、すいとんなど
60〜140μm	100〜200メッシュ	↕	↕	↕	とろみづけ、揚げ物、蒸しパン、ピザ、パウンドケーキ、クッキーなど
約50μm	300メッシュ	なめらか	高い	細かい	とろみづけ、揚げ物、スポンジケーキなど

一般的な小麦粉は約60μm、上新粉は100〜180μm。市販されている米粉は、30〜120μmと、粒度の幅が広い。

鶏のから揚げ

かたくり粉などに比べて米粉は油を吸いにくく、冷めてもべちゃっとしません
だから弁当のおかずにもおすすめです
粒の粗い米粉はザラっとした食感になり、それもまたおいしいです

〈材料〉4人分
鶏もも肉…300g
A「醤油、酒…各小さじ1と1/2
 └ しょうがのしぼり汁…小さじ1
米粉…15g
揚げ油…適量

〈つくり方〉
1 鶏肉はひと口大に切る。ポリ袋に鶏肉、Aを入れてよくもむ。
2 容器に移し、米粉を加えて全体を混ぜ、鶏肉にまぶす（下写真）。
3 170℃の油できつね色になるまで揚げる。
◎米粉にかたくり粉を混ぜるとよりサクサクに仕上がる。

米粉は量ってまぶすと無駄が出ない。米粉が肉の水分を吸うので、衣をつけたらすぐに揚げる

クリームシチュー

ホワイトソースの小麦粉をバターで炒めるのは、ダマを防ぎ、香ばしさを出すため
米粉は水に溶けやすいので、炒めずに溶かし入れるだけでOK
あっさり味で体調が悪いときも食べやすいです

〈材料〉4人分
豚肉*（カレー・シチュー用）
　…300g
玉ねぎ、じゃがいも
　…各小1個
にんじん…小1本
┌米粉…大さじ4
└牛乳…2カップ
水…2と1／2カップ
塩…小さじ1
こしょう…少々
植物油…大さじ1
＊鶏肉でもよい。

〈つくり方〉
1　肉、野菜はひと口大に切る。
2　鍋に油を熱し、肉を表面の色が変わるまで焦げないように炒める。玉ねぎ、にんじんを加えて炒める。
3　水を加えて10分煮る。じゃがいもを加えてさらに10分ほどやわらかくなるまで煮る。

4　ボウルに米粉と牛乳を入れてよく混ぜて溶く（下写真）。
5　鍋に4を加えてやさしく混ぜ、とろみがついてきたら、塩、こしょうで味を調えて火を止める。とろみが強いときは、牛乳で薄める。

加熱された液体に直接米粉を入れるとダマになりやすいので、前もって牛乳と米粉をよく混ぜておく

揚げ出し豆腐

米粉は、豆腐にまぶすときも手につきにくく扱いやすいです
揚げたときもかたくり粉と違って衣がはがれません
かたくり粉ほど粘りは強くありませんが、あんのとろみも米粉でつけられます

〈材料〉2人分

木綿豆腐…1丁　　　玉ねぎ…1/4個
米粉（衣用）…10g　だし汁…3/4カップ
揚げ油…適量　　　醤油…大さじ1
【あん】　　　　　みりん…大さじ1
にんじん…1/8本　┌米粉…大さじ1
ピーマン…1/2個　└水…大さじ2

〈つくり方〉

1　豆腐は水切りをして8等分に切る。にんじん、ピーマン、玉ねぎはせん切りにする。

2　豆腐の全面に衣用の米粉をまぶし（下写真）、170℃の油で揚げる。うっすら揚げ色がついてカリッとするまで。

3　鍋に米粉と水以外のあんの材料を入れて中火にかける。野菜に火が通ったら、水で溶いた米粉を入れて混ぜ、とろみをつける。

4　器に豆腐を盛り、3のあんをかける。

米粉は豆腐の水分でうっすらとつく程度でよい。かたくり粉のようにベタベタしない

クレープ

粉と水分が混ざりやすく、小麦粉の生地のように寝かせる必要がありません
一度にたくさん焼いて、まとめて冷凍もできます
自然解凍すれば1枚ずつはがせるので、朝食やおやつなどに便利です

〈材料〉直径18cm 8〜9枚分

米粉…80g
砂糖…15g
バター…15g（溶かしておく）
卵…2個
牛乳…250ml
植物油…大さじ1
生ハム、ベビーリーフ、チーズ、
ツナなど好みの具*…適量

*カスタードクリームやジャム、果物をはさめばおやつになる。

〈つくり方〉

1　ボウルに卵、牛乳を入れて泡立て器で溶き、米粉、砂糖を加えて混ぜる（写真a）。溶かしバターを加えてさらに混ぜる。

2　フライパンに油を熱し、余分な油をキッチンペーパーでふき取る。1の生地をお玉で流し、円形に広げ、両面焼く（写真b）。次を焼くとき、油を吸ったキッチンペーパーでフライパンをふく。

3　好みの具をはさんで食べる。

◎生地の米粉は時間がたつと沈むので、焼くときはその都度、お玉で混ぜてからすくう。

左／米粉の粉っぽさが見えなくなるまで混ぜる。小麦粉と違ってすぐに溶ける　右／縁がチリチリし、焼き色がついたらひっくり返す。そこから20秒程度焼く

シフォンケーキ

小麦粉と違い、米粉は水と混ざってもグルテンができません
生地に粘りを出さずに膨らませたい軽いケーキに最適です
粉をふるう必要もなく、初めての人でもしっとりふんわりと焼き上がります

〈材料〉直径17cmのシフォン型
　　　　　1台分
米粉…70g
卵…4個
　（卵白と卵黄に分ける）
砂糖…40g + 40g
牛乳…60ml
植物油…45g

〈つくり方〉

1　ボウルに卵白を入れ、泡立てながら砂糖40gを3回に分けて加え、かたいメレンゲをつくる。白く気泡が均一でなめらかになり（写真a）、泡立て器を持ち上げると角が立つくらいまで。

2　別の大きめのボウルに卵黄と砂糖40gを入れ、泡立て器で白っぽくなるまで混ぜる。

3　2に牛乳、油、米粉を加え、泡立て器でさらに混ぜる。

4　3に1のメレンゲを1/3入れ、ゴムべらで混ぜ、残りのメレンゲも2回に分けてしっかり混ぜ合わせる（写真b）。

5　型に流し、170℃に予熱したオーブンで30分焼く。焼き上がったらすぐに型を逆さまにして冷ます。

左／泡立てはハンドミキサーなどを使ったほうが楽。その場合は、早めに1回目の砂糖を加え、加えるごとに低速にする　右／白い部分が見えなくなるよう、メレンゲはむらなく混ぜる

バナナケーキ

粘らない米粉の代わりにバナナで生地の粘りを出します
焼き目がつきにくいので焼いている途中でオーブンの上段に移しましょう
仕上がりはもっちりした食感です

〈材料〉20cm×10cm×5cmの
　　　　パウンド型1本分

米粉…150g

ベーキングパウダー
　　…小さじ2

熟したバナナ…2本

砂糖…80g

卵…2個

牛乳…120mℓ

植物油…大さじ4

くるみ…30g（粗く刻む）

〈つくり方〉

1　ボウルに皮をむいたバナナを入れ、フォークでつぶす（下写真）。

2　砂糖を加えて泡立て器で混ぜ、さらに卵、牛乳、油を加えてよく混ぜる。

3　米粉、ベーキングパウダーを加えて混ぜ、くるみを加えてさらに混ぜる。むらのないようにする。

4　オーブンシートを敷いたパウンド型に流し入れる。

5　170℃に予熱したオーブンに入れ、下段で20分焼き、上段で10分焼く。竹串を刺して生地がついてこなければ焼き上がり。

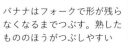
バナナはフォークで形が残らなくなるまでつぶす。熟したもののほうがつぶしやすい

065

味のある米粉"玄米粉"

精米せず玄米をぬかごと製粉した玄米粉は
風味が強く、香ばしさやコクが出る米粉です。

「玄米粉」は米粉の全粒粉

　「玄米粉」は、文字通り玄米を製粉した
米粉のこと。ぬかや胚芽ごと粉にするので、
ビタミンやミネラル、食物繊維などが豊富
に含まれ、精米した米の粉よりも栄養価が
高いことが特徴です。小麦粉でいえばふす
まと一緒にひいた全粒粉のようなもので、
粉自体の風味も精米した米粉より強く感じ
ます。

　市販されている玄米粉には、玄米をその
まま製粉したものと、玄米を焙煎してから
製粉したものがあります。焙煎すると香ば
しい風味がより強くなり、加熱することで
米ぬかの酸化を防止する効果があるので、
保存期間が長くなります。

真ん中上が谷川農園の生玄米粉、左が白米の米粉、右が
焙煎玄米粉

風味をいかすならお菓子がいい

　埼玉県加須市の農家・谷川ゆかりさんは、
栽培した米を長野県の製粉所に委託して玄
米粉にしています。焙煎はせず、生のまま
微細にひいた玄米粉です。これを、揚げ物
の衣やクリームシチューのとろみづけなど
普段の料理に使っていますが、料理の仕上
がりは精米された米粉と変わらないので使
いやすいといいます。そんな谷川さんが気
に入っているのが、「玄米粉ホットケーキ
ミックス」です。

　「玄米粉に砂糖、ベーキングパウダー、
塩を混ぜ、卵と牛乳または豆乳を混ぜて焼
くだけで、ふわふわでもちもちのホットケ
ーキになります。小腹が減ったときにただ
焼いただけでもおいしいので、玄米を炊く
より簡単です」。このホットケーキミック
スを200gの小分けにし、販売も始めました。
さらに、ホットケーキだけでなく、蒸しパ
ンやマフィン、ケーキなどアレンジレシピ
も考案。玄米粉をお菓子に使うと、香ばし
さがいかされ、ぬか
に油分があるためか、
翌日までしっとりや
わらかいことにも気
づいたといいます。

玄米粉を使うときの注意点

　米粉を使うレシピで、材料にある「米粉」を玄米粉に置き換えてつくることは可能です。ただし、玄米粉も米粉と同じように粒度（p59）によって違いがあり、上新粉と同じくらいのものから微細な粉まで、製品によってさまざまです。そのため、粒度が大きい（粒子が粗い）玄米粉の場合は、スポンジケーキなどの焼き菓子に使うことはできません。料理や蒸しパン、クッキーなどに使うのがおすすめです。

　玄米粉は米粉よりも吸水しやすく、生地がゆるくなりがちです。蒸しパンやマフィンなど膨らませるお菓子をつくるときに、米粉を玄米粉で置き換える場合は、加える水分はやや少なめにします。水加減は生地に水分を加えて混ぜたときのかたさが目安になります。へらや泡立て器で生地を持ち上げ、落としたときに、筋が数秒残るくらいのトロトロの状態が、ちょうどいい水分量です（右上写真）。

マフィン、蒸しパンなどをつくるとき、生地はこのくらいのゆるさにする！

玄米粉に限らず、米粉はものによって特性が違うことが多いので、生地のかたさで水分量を調節するといい

米粉でつくる生地は、小麦粉でつくるときよりもかなりゆるめになる

きな粉蒸しパン

朝ごはんにもなる谷川農園の定番おやつ
きな粉と玄米が香ばしく滋味深い

材料を混ぜたら蒸すだけ。小麦粉でつくるよりももっちりした食感になります。生地は高温の蒸気で膨らむので、しっかり蒸気が上がった状態から蒸しはじめましょう。

〈材料〉8号カップ4個分

A
- 玄米粉…80g
- きな粉…20g
- ベーキングパウダー…小さじ1
- 砂糖…30g

B
- 無調整豆乳…130g
- 植物油…20g

黒炒りごま…少々

〈つくり方〉

1　ボウルにAを入れ、泡立て器で混ぜる。

2　別のボウルにBを入れ、泡立て器で混ぜる。

3　1に2を加えてよく混ぜ、p67の写真のようなかたさの生地にする。グラシン紙を敷いたカップに生地を流し込み、ごまを散らす。蒸気の上がった蒸し器で20分ほど蒸す。

黒糖くるみ味噌マフィン

しっとり口当たりのいい
甘じょっぱいマフィン

〈材料〉8号カップ4個分

A ┌ 玄米粉…100g
　└ ベーキングパウダー…小さじ1

B ┌ 卵…1個
　│ 無調整豆乳…60g
　│ 植物油…30g
　│ 味噌…10g
　└ 黒砂糖…30g

くるみ…20g

飾り用くるみ…適量

〈つくり方〉

1　Aをボウルに入れ、泡立て器で混ぜる。

2　Bを別のボウルに入れ、泡立て器でよく混ぜる。黒砂糖は先に液体と混ぜておくとなじみやすい。

3　2に1を加えて泡立て器でよく混ぜ、p67の写真のようなかたさの生地にする。くるみを入れ、ゴムべらでさっくりと混ぜる。

4　グラシン紙を敷いたカップに生地を流し込み、飾り用のくるみをのせる。170℃に予熱したオーブンで20分ほど焼く。

米粉は小麦粉と違い、グルテンができないので、ぐるぐる混ぜても大丈夫です。「混ぜすぎて粘りが出てしまい、ふくらまない」などの失敗がありません。

ココアとしょうがの
グラノーラ

ピリッときいたしょうがが決め手
つまんでポリポリ食べられます

米粉がオートミールのつなぎになって、粒の大きいゴロゴロしたグラノーラができます。小麦粉より米粉のほうがより軽い食感になります。

〈材料〉25cm四方の天板1枚分

オートミール*…100g

A［玄米粉…20g
ココアパウダー…10g
塩…ひとつまみ］

植物油…40g

しょうが…15g（すりおろす）

メープルシロップ…45g

くるみ…50g
　（炒って細かく刻む）

*ここではオーツ麦を丸ごと押しつぶして乾燥させた「ロールドオーツ」を使う。

〈つくり方〉

1　ボウルにオートミールを入れ、手ですり合わせて軽く砕く。Aを入れてゴムべらでさっくりと混ぜる。

2　植物油を加え、全体になじむようにゴムべらで混ぜる。しょうがとメープルシロップを加え、全体が混ざったらくるみを加えて混ぜる。

3　天板にオーブンシートを敷き、2を広げて1cmほどの厚さに成形する。170℃に予熱したオーブンで20分ほど焼く。

4　一度オーブンから取り出す。粗熱がとれたらフォークでほぐし（写真a）、120℃に下げたオーブンでさらに20分ほど焼く。

5　冷めたら蓋つきの瓶などに入れ（写真b）、常温で1週間ほど保存できる。夏場は冷蔵庫に入れる。

◎新しょうがを使う場合は皮ごとすりおろすと辛みが増す。
◎牛乳や豆乳、ヨーグルトをかけて食べてもおいしい。

073

じゃがいもドーナツ

外はカリッ、中はもちっ
じゃがいものうま味を感じます

米粉だけでは生地がまとまらないので、じゃがいもを加えてつなぎにして、生地を成形します。蒸したかぼちゃでもおいしくできます。

〈材料〉つくりやすい分量

A
- 玄米粉…100g
- ベーキングパウダー…小さじ1
- 砂糖…15g
- 塩…小さじ1/2
- にんじんの葉（乾燥させて細かく砕く）…大さじ1強

じゃがいも…120g
卵…1個
無調整豆乳…40g
揚げ油…適量

〈つくり方〉

1　じゃがいもは蒸すかゆでて皮をむき、熱いうちにつぶす。

2　Aをボウルに入れ、泡立て器で混ぜる。

3　1に卵と豆乳を加え、泡立て器で混ぜて全体をなじませる。

4　3に2を加えてゴムべらでさっくりと混ぜる（写真a）。手でこねて生地をひとまとめにし、好きな形に成形する（写真b）。やややわらかめの生地なので、手に水をつけると成形しやすい。

5　170℃の油で揚げる。

◎にんじんの葉の代わりに、パセリ（乾燥でも生でも）や青のり、ごまなどを入れてもおいしい。また、粉チーズやこしょうを入れるとおつまみ風になる。

野菜のスパイシー
ケークサレ

弾力のある生地に野菜がたっぷり
これひとつで食事になりそう

小麦粉と違い、ずっしり、もっちりとした仕上がりになります。

〈材料〉7cm×17cm×6.5cmのパウンド
　　　　型1台分

A
- 玄米粉…200g
- ベーキングパウダー…小さじ2
- カレー粉…小さじ1
- 砂糖…15g

B
- 卵…2個
- 無調整豆乳…100g
- 塩麹…大さじ1
- 植物油…60g

好みの野菜…200g（細かく刻む）
塩…小さじ1/2
植物油…適量
黒こしょう…少々

〈つくり方〉

1　フライパンに植物油を入れて熱し、野菜をしんなりするまで炒める。塩で味を調えたら火からおろし、冷ます。

2　Aをボウルに入れ、泡立て器で混ぜる。

3　Bを別のボウルに入れ、泡立て器で混ぜる。

4　3に2を入れ、泡立て器で混ぜてp67の写真のようなかたさの生地にする。1の野菜を加え、ゴムべらでさっくりと混ぜる。

5　オーブンシートを敷いた型に生地を流し入れ、上からこしょうを振る。170℃に予熱したオーブンで45分ほど焼く。

◎野菜は、玉ねぎ、ズッキーニ、にんじん、いんげん、とうもろこし、じゃがいも、ドライトマトなど、なんでもよく合う。好みでツナ缶やソーセージ、ベーコンなどを足してもおいしい。

3 ニッポンの米粉おやつ

日本では昔から、米は基本的に粒のまま食べるものでした。
石臼が庶民に伝わる江戸時代以前は、手をかけてひいた米粉は、
節句など季節の行事や冠婚葬祭の供え物に使われました。
自分の家で米をひけるようになると、くず米など粒で食べられない米を
無駄なく食べるための知恵として、
日常の簡単なおやつなどにも使われるようになりました。
この章では、昔からある上新粉、もち粉、白玉粉を使った
おやつのレシピを紹介します。
行事で食べられるもの、地域性のあるもの…、昔ながらのおやつを
ぜひつくってみてください。

写真＝小林キユウ（p78、p80〜84、p93）、武藤奈緒美（p85〜87）、キミヒロ（p88〜92）
スタイリング＝本郷由紀子　レシピ協力＝（一社）日本調理科学会「伝え継ぐ 日本の家庭料理」愛媛県著作委員会（p80〜83）
レシピ・料理＝編集部

このコーナーで出てくる上新粉については、パン・製菓用の微細な米粉では代用できません。微細粉は水分を吸収しやすく、やわらかくなりすぎるからです。

醤油もち

江戸時代から伝わる愛媛県の
醤油としょうがの風味がきいた
甘じょっぱいおもち

〈材料〉直径4〜5cm8個分

上新粉…150g

砂糖…90g

塩…小さじ1/2（3g）

醤油…大さじ1

熱湯…85ml

しょうがのしぼり汁…小さじ2

手水

　かたくり粉…小さじ1

　水…1カップ

〈つくり方〉

1　上新粉に砂糖、塩を加えて混ぜ、熱湯を加えながら木べらで混ぜる。醤油を加えてさらに混ぜる（写真a）。

2　蒸気の上がった蒸し器にオーブンシートか蒸し布を敷いて1を流し入れ（写真b）、15分蒸す。

3　蒸し上がったらボウルに取り出し、しょうが汁を加えてなめらかになるまでよくこねる（写真c）。熱いので手水をつけながらこねる。

4　8等分して丸め（写真d）、丸もちのような形に整える。表面に箸を押しつけ、縦横にくぼみを入れる（p78写真）。表面に手水を塗ってつやを出す。

5　再び、オーブンシートを敷いた蒸し器で5分蒸す（上写真）。取り出したらうちわであおいでつやを出す。

◎手水にかたくり粉を入れると生地が手につきにくい。

りんまん

魚のウロコに見立てて
もち米を飾ることから
りん（鱗）まんと呼ばれる
愛媛県のもち菓子です

〈材料〉10個分
上新粉…200g
砂糖…100g
塩…小さじ1/6（1g）
熱湯…160〜180㎖
小豆のこしあん…150g
　（10個に丸める）
もち米…20g
食用色素（赤・黄・緑）
　…適量
手水
┌ かたくり粉…小さじ1
└ 水…1カップ

〈下準備〉
もち米は一晩水につける。当日水を
切り、少量の水で溶いた食用色素に
3等分して入れ、色をつけておく。

〈つくり方〉
1　上新粉に砂糖、塩を加えて、熱
湯を少しずつ加えて耳たぶくらいの
やわらかさになるようこねる。
2　蒸気の上がった蒸し器にオーブ
ンシートか蒸し布を敷き、1を小さ
くちぎって並べ、15分蒸す（写真a）。
3　蒸し上がったらボウルに取り出
し、なめらかになるまでよくこねて

まとめる。熱いので手水をつけなが
らこねる。
4　10等分して丸め、手のひらで押
して平らにし（写真b）、ふちを薄く
する。
5　こしあんを入れて包む（写真c、d）。
とじ目を下にして手のひらで転がし、
形を整える。
6　色づけしたもち米を竹串などで
つまんで飾る（上写真）。
7　再び、オーブンシートを敷いた蒸
し器で10分蒸す。取り出したらうち
わであおいでつやを出す。

冷やしじるこ

冷たくした甘い小豆の汁に
ツルンとした白玉だんごと抹茶のだんご
見た目にもかわいいおやつです

〈材料〉4人分
白玉だんご…20〜25個(白玉粉100g分)
抹茶入り白玉だんご…10〜15個
　(白玉粉50g分)
小豆粒あん+水…100〜150g

〈つくり方〉
1　あんに水を適量加えて薄め、火にかける。ひと煮立ちしたら火を止めて、冷やす。
2　器にだんごを入れ、1のあんをかける。

白玉だんご

白玉粉100gに水90㎖を少しずつ加えて手でこねる。まとまらない場合は少し水を足す。20等分のだんごにし、真ん中をくぼませて沸騰した湯でゆでる。浮いてきたら火が通っているので、網じゃくしで水にとって冷ます。抹茶入り白玉だんごは100gの白玉粉に対して抹茶小さじ1(2g)加えて、同様につくる。

粒あん

鍋に小豆300gをかぶるくらいの水に入れて火にかける。5分ゆでたら一度水を捨てる。改めて水を4〜5倍量入れて火にかけ、沸騰してアクが出てきたら除く。中火で90分ほどゆでる。その際、必ず豆が水に浸っているよう、足りないときは水を加える。指でつまんでつぶれるやわらかさになったら、砂糖300gと塩1gを2〜3回に分けて加える。途中、焦げないように木べらで混ぜる。木べらにのせて落ちない程度になったら火を止める。

みたらしだんご

甘辛のたれがおいしい、もちもちのおだんご
自分でもつくれます

〈材料〉4本分
白玉粉…30g
水…1/4カップ弱
上新粉…120g
熱湯…1/3カップ
┌ 醤油…大さじ1
│ 砂糖…大さじ3
A 水…大さじ4
│ かたくり粉
└ …大さじ1

〈つくり方〉
1 白玉粉に少しずつ水を加えて練る。
上新粉は熱湯を加えて菜箸で混ぜ、そ
こへ練った白玉粉を合わせて手でこね
る。
2 たっぷりのお湯を沸かし、生地を5
等分にし、浮き上がるまで5分ほどゆで
る。
3 水を切り、ぬれ布巾の上に出してよ
くこねる。

4 なめらかになったら棒状にのばし、
包丁で16等分に切り分けて丸め、串に
4個ずつ刺す。
5 Aを小鍋に入れてよく溶いてから中
火にかけ、絶えず木べらで混ぜ続け、と
ろみがつき始めたら火を止める。4のだ
んごにからめる。

すあま

関東ではおなじみの
淡い甘さのもち菓子

〈材料〉8個分
上新粉…100g
砂糖…80g
塩…ひとつまみ
水…1/4カップ強（75㎖）
かたくり粉…適量

〈つくり方〉
1 耐熱ボウルに上新粉、砂糖、塩を入れ
てよく混ぜる。さらに水を加えて混ぜる。
2 ラップをして、電子レンジ（600W）で
2分加熱する。一度取り出し、木べらでな
めらかになるまでよく練って再び2分加熱
する。
3 ぬれ布巾の上に出してよくこねる。
手に水をつけると、こねやすい。
4 なめらかになったら、8等分にしてか
たくり粉をつけながら、平らな卵形に整
える。

〈材料〉5個分
上新粉…100g
熱湯…1/2カップ
砂糖…大さじ2/3
かたくり粉…大さじ2/3
A ┌ 白あん…60g
  │ 白味噌…15g
  └ 水…1/4カップ
柏の葉…5枚

〈つくり方〉
1 柏の葉は洗っておく。Aは火にかけ、
丸められるぐらいに練り、5等分しておく。
2 ボウルに上新粉を入れて熱湯を注ぎ、
菜箸でかき混ぜ、なめらかになったら手
でこねる。
3 蒸し器にぬれ布巾を敷き、2を薄くの
ばして入れ、透き通るまで20分蒸す。
4 布巾ごと取り出し、ひとまとめにこね、
水にさっとつけて粗熱をとる。
5 4をボウルに入れて、砂糖、かたくり
粉を加えてよくこねて棒状にする。5等分
に切り、親指の付け根で楕円形にのばす。
6 5のもちに1のあんをのせて半分に
折り、柏の葉で包む。再びぬれ布巾を敷
いた蒸し器で5分蒸す。

柏もち

味噌あんがよく合う
おなじみの端午の節句のお菓子です

〈材料〉8個分
白玉粉…100g
砂糖…60g
塩…小さじ1/2
水…3/4カップ
小豆あん…160g(20g×8個)
かたくり粉…適量

大福

扱いの難しいもち生地も
電子レンジを使えば手軽にできます

〈つくり方〉
1　耐熱ボウルに白玉粉、砂糖、塩を入れ、少しずつ水を入れて木べらで混ぜる。
2　ラップをして、電子レンジ(600W)で2分加熱する。一度取り出し、木べらでなめらかになるまでよく練って再び2分加熱する。全体がむらなく透明になるまで3回繰り返す。
3　かたくり粉を敷いたまな板の上に、**2**の生地を置き、手に水をつけ、8等分にする。
4　小豆あんを8等分にして、**3**の生地で包み、かたくり粉をまぶしながら丸める。

えびせん

桜エビの香ばしさで
食べ始めたらとまりません

〈材料〉つくりやすい分量
桜エビ…35g
上新粉…50g
かたくり粉…50g
水…1/2カップ
揚げ油…適量

〈つくり方〉
1　桜エビを細かくきざみ、上新粉、かたくり粉と合わせ、水を少しずつ加えて練る。
2　耳たぶのかたさになるまで練る。
3　5cm長さ、5mm厚さにのばし、5mm幅に包丁で切る。
4　180℃の油で、キツネ色になるまで揚げる。

◎エビに塩気があるので、塩は入れなくてよい。黒こしょうなどスパイスを振ってもおいしい。

これ菓子

「これ」は「高麗」の意味。もっちりした食感のお菓子
宮崎県ではお盆のお供えに、鹿児島県ではひな祭りにつくります

〈材料〉15cm角のセルクル型
　　　　または木枠1個分

上新粉…50g

もち粉…50g

小豆のさらしあん…45g

水…100mℓ

砂糖…80g

〈つくり方〉

1　上新粉ともち粉をよく混ぜる。

2　さらしあんに水を加えて練り、砂糖を加えて火にかけて練る。火を止めて1を加え、手でつかんで固まるまで混ぜ合わせる。

3　蒸し器に型を置き、その中にぬれ布巾を敷く。そこに2を裏ごししながら入れる。型の角にも竹串などでしっかりつめて平らにする。

4　蒸気の上がった状態から強火で40分蒸す。

5　冷ましてから切り分ける。

味噌揚げ

味噌とざらめ、油の組み合わせが絶妙のおいしさ
山形県置賜地方のおやつです

〈材料〉8個分
上新粉…100g
もち粉…50g
ざらめ糖、味噌…各大さじ2
水…80㎖
白ごま…大さじ1
刻みくるみ…大さじ2
揚げ油…適量

〈つくり方〉
1 上新粉ともち粉を混ぜ合わせる。
2 鍋にざらめ糖、味噌、水、ごまを入れて火にかけ、煮立たせたら、少しずつ1に加えながら木べらでかき混ぜて練る。
3 くるみを加えて混ぜ、よく練ったら丸めて平たくし、160℃の油でゆっくり揚げる。

だんご飯

米粉とご飯でつくる和歌山県のおやつ
ご飯の粒々とだんごのもちもちを
黒砂糖の甘みで一緒に楽しみます

〈材料〉6個分
上新粉…70g
もち粉…30g
塩…ひとつまみ
水…150mℓ弱
刻んだ黒砂糖…適量
ご飯…適量

〈つくり方〉
1　上新粉、もち粉、塩を混ぜ合わせ、水を加え、ぽたぽた落ちるぐらいのやわらかさになるよう菜箸で練る。
2　ご飯を炊き、ご飯の水分がなくなる頃、1のだんごをスプーンですくってご飯の上に落とし、蓋をして一緒に蒸らす。
3　蒸らし終わったら、米粒のついただんごを取り出し、黒砂糖を振る。黒砂糖は好みで水で溶いておいてもよい。

◎ご飯の水分は、炊飯器でも、蓋をあけて確かめる。炊いたご飯は普通に食事で食べる。

串もち

青森県、岩手県にまたがる南部地方の郷土の味
「そばもち」「うちわもち」ともいいます
じゅうねの香ばしさがたまりません

〈材料〉5枚分
そば粉…100g
もち粉…70g
小麦粉…30g
熱湯…150㎖弱
じゅうね味噌
　┌ じゅうね（エゴマ）
　│　 …100g
　│ 砂糖…40g
　│ 湯…100㎖
　└ 味噌、醤油…各大さじ2

〈つくり方〉
1　じゅうねはフライパンで空炒りし、すり鉢でする。砂糖を湯で溶かして加え、味噌、醤油を加えてすり混ぜ、味を調える（じゅうね味噌）。
2　粉を混ぜ合わせる。熱湯を加え、菜箸で混ぜる。まとまってきたら手でこねて、直径8㎝ほどの平らな丸形にする。串を刺す真ん中の部分を指でつまんで寄せて厚くする。
3　2のもちをたっぷりの湯で2〜3

分ゆでる。もち同士がくっつかないように一度かき混ぜる。浮き上がってきたら冷水にとり、ザルにあげて水を切る。この状態で味噌をつけて食べてもおいしい。
4　水でぬらした串を刺し、じゅうね味噌をつけて焼き網で焼く。

◎本来は囲炉裏のおきのそばに刺してあぶるために串が必要だったが、焼き網などで焼くなら串はなくてもよい。
◎そば粉がない場合は小麦粉だけでつくってもよい。

幸福豆
（こふく）

米粉と大豆で腹もちがいい
滋賀県・湖北地方のおやつです

〈材料〉6〜8個分
大豆…50g（1/3カップ強）
上新粉…100g
水…3/4〜1カップ
黒砂糖…大さじ1
塩…ひとつまみ
植物油…大さじ1

〈つくり方〉
1　大豆は、30〜40分弱火でゆっくり炒る。
2　ボウルに上新粉を入れて水で溶き、黒砂糖、塩を加える。1を加えて混ぜる。
3　油をひいたフライパンに2を玉じゃくしひとすくい分ずつ流し、両面を焼く。

二度いももち

年2回とれる"二度いも"=じゃがいもを使った山形県のもち
甘くないのでご飯代わりにもなります

〈材料〉15㎝のなまこ形1本分
じゃがいも…1個(100g)
上新粉…50g
湯…40㎖
かたくり粉、納豆…適量

〈つくり方〉

1　いもは皮をむいてやわらかくなるまでゆでる。汁がなくなったら、すりこぎでつぶす。

2　ボウルに上新粉、湯を入れてこねる。1を加えてもち状になるまでつき、なまこ形に整えて、かたくり粉をまぶす。

3　食べやすい厚さに切り、表面をあぶり、納豆をつけて食べる。小豆あんでもおいしい。

ケーキやパンに使える米粉の見極め方

米粉は「製菓用」「パン用」と表記されていても、製品によって特性が違います。
とろみづけや揚げ物の衣などの料理や、たいていのお菓子はどの米粉でもつくれますが、
ふわっと焼き上げたいスポンジケーキやパンは、
微細で損傷でんぷん（p5）の割合が低い米粉を使わないと、うまく膨らみません。
ここでは、米粉を水で溶いて水分の吸収度合いを確かめることで、
ケーキやパンに向く粉か判断する方法を紹介します。

10gの米粉に10gの水を加えて混ぜる

サラサラの液体になる　**ねっとりクリーム状になる**　**ボソボソになる**

小麦粉を使ってつくるように、ふんわり焼き上げたいシフォンケーキやロールケーキ、パンに向く。だんごやもちなどの和菓子には向かない。

ケーキ、パン以外のお菓子、とろみづけや揚げ物などの料理、和菓子に使える。和菓子は、粒の粗い粉（ボソボソになる粉）でつくるほうが、まとまりやすい。

レシピの初出一覧

※この本に収録した以下のレシピは、『うかたま』の記事をもとにしています。

参考文献

『食品加工総覧』（農文協）
『農家が教える　米粉とことん活用読本』（農文協）
『国産米粉でクッキング』坂本廣子・坂本佳奈著（農文協）
『もっとひろがる国産米粉クッキング』坂本佳奈・坂本廣子著（農文協）
『おいしさをつくる「熱」の科学』佐藤秀美著（柴田書店）
『科学でわかるお菓子の「なぜ」？』辻製菓専門学校監修、中山弘典・木村万紀子著（柴田書店）
『「こつ」の科学—調理の疑問に答える』杉田浩一著（柴田書店）

参考URL

農林水産省　広がる！米粉の世界
https://www.maff.go.jp/j/seisan/keikaku/komeko
株式会社西村機械製作所　米粉.jp
http://www.rice-flour.jp

本書は2023年1月1日発行「別冊うかたま 米粉の料理とおやつ」を書籍化したものです。

うかたま BOOKS

米粉の料理とおやつ

毎日の料理や特別な日のお菓子、昔ながらのおやつも

2023年7月25日　第1刷発行

編　者	一般社団法人 農山漁村文化協会
発行所	一般社団法人 農山漁村文化協会
	〒335-0022　埼玉県戸田市上戸田2-2-2
	☎048-233-9351（営業）
	☎048-233-9372（編集）
	FAX048-299-2812
	振替　00120-3-144478
	https://www.ruralnet.or.jp/
DTP	株式会社 農文協プロダクション
印刷・製本	凸版印刷株式会社

デザイン .... 野瀬友子

制　作 .... 株式会社 農文協プロダクション

写　真 .... **はじめに**　寺澤太郎

目次　小林キユウ（クリームシチュー、ブラマンジェ）、五十嵐公（シフォンケーキ、から揚げ）、武藤奈緒美（みたらし団子、えびせん）

この本で使う「米粉」について　小林キユウ、編集部（p8）

※その他料理写真は、各章の最初のページに記載しています。

うかたま

WEBサイト http://ukatama.net

@uktmつぶやいています
http://twitter.com/uktm

★Facebookもやってます
www.facebook.com/ukatama

「うかたま」は、食べものの神様、
宇迦之御魂神（ウカノミタマノカミ）にあやかり、
古くから日本ではぐくまれてきた食の知恵や
暮らしのあり方を受け継いでいきたい、
そんな思いから、つくった言葉です。

キャラクターデザイン＝鈴木麻子